まちごとチャイナ

Shandong 004 Around Qingdao
青島郊外と開発区
海岸線にそって「美しい青島」

Asia City Guide Production

【白地図】山東省と中国沿岸部

CHINA
山東省

【白地図】青島

CHINA
山東省

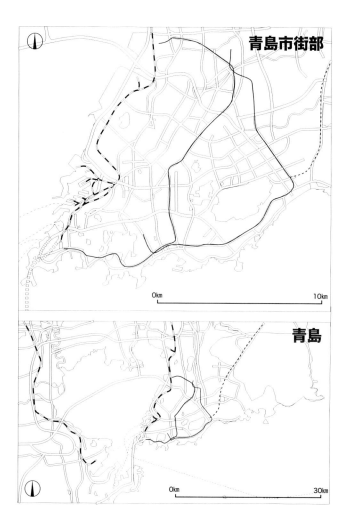

Around Qingdao 白地図

【白地図】香港中路

CHINA
山東省

【白地図】五四広場

CHINA
山東省

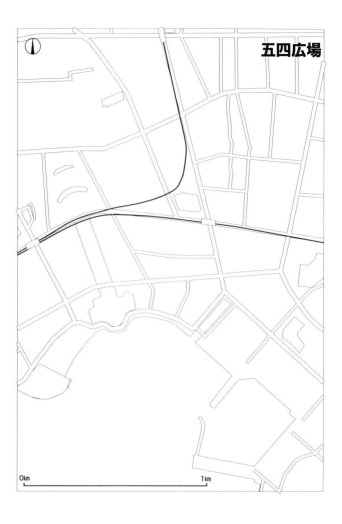

【白地図】石老人

CHINA
山東省

【白地図】崂山流清河景区

山東省

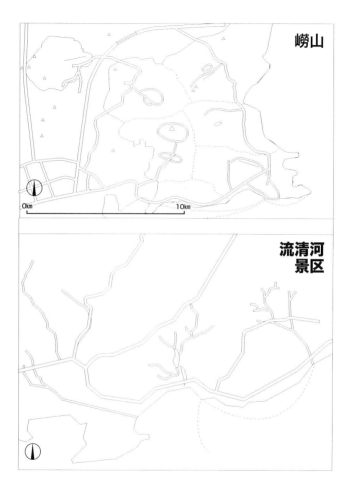

【白地図】崂山太清遊覧区

CHINA
山東省

【白地図】崂山棋盤石遊覧区

CHINA
山東省

【白地図】崂山仰口遊覧区

【白地図】崂山巨峰遊覧区

CHINA
山東省

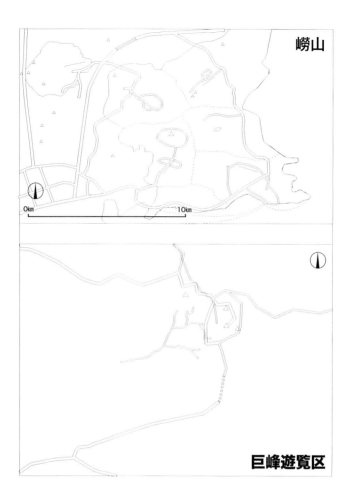

【白地図】崂山北九水遊覧区

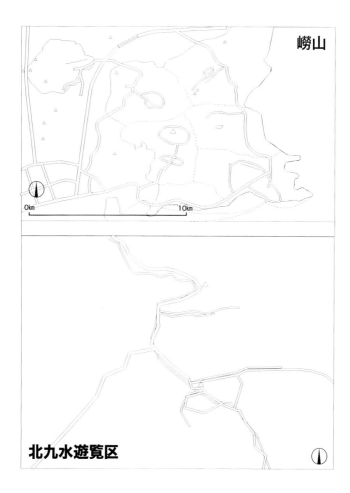

【白地図】崂山華楼遊覧区

【白地図】市北

CHINA
山東省

市北

Around Qingdao

白地図

【白地図】四方

CHINA
山東省

四方

Around Qingdao

白地図

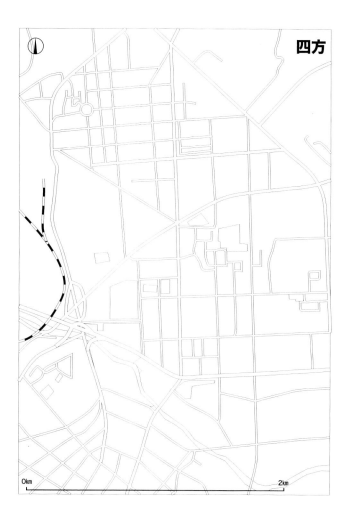

【白地図】李村

CHINA
山東省

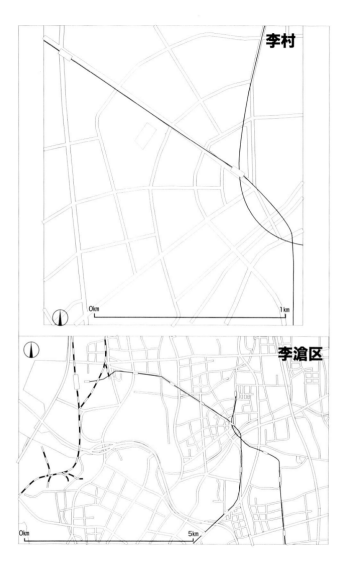

Around Qingdao | 白地図

【白地図】開発区

CHINA
山東省

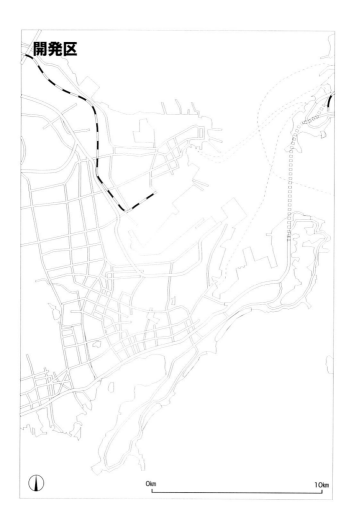

開発区

Around Qingdao 白地図

【白地図】琅琊台

CHINA
山東省

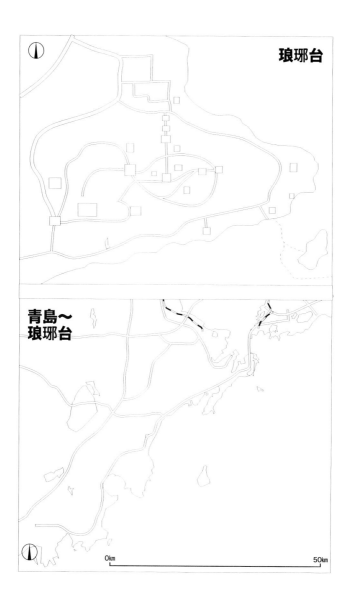

Around Qingdao 白地図

【白地図】青島郊外

CHINA
山東省

青島郊外

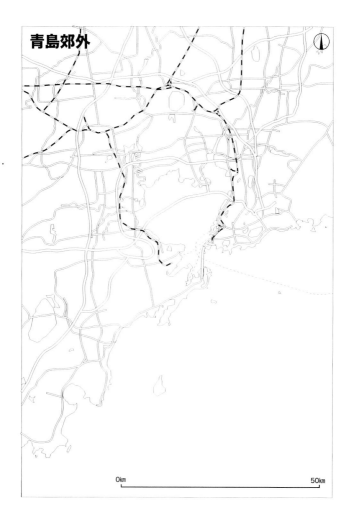

Around Qingdao

白地図

【まちごとチャイナ】
001 はじめての山東省
002 はじめての青島
003 青島市街
004 青島郊外と開発区
005 煙台
006 臨淄
007 済南
008 泰山
009 曲阜

CHINA
山東省

　ドイツ植民都市の旧市街から、東6kmに位置する香港中路は、20世紀末に開発のはじまった新市街。高層ビルが林立し、青島の行政機関、中国を代表する企業や外資系企業が集まる一大ビジネス拠点となっている。

　多くの企業が注目する青島の魅力に、海と山に囲まれた住環境のよさがあげられる。西の旧市街から東の新市街に向かって海岸線が続き、さらに香港中路(青島新市街)から東25kmには道教聖地の崂山が位置する。崂山は秦の始皇帝、漢の武帝、李白などが訪れた山東省を代表する景勝地で、鉱物をふくん

青島郊外と開発区

青岛郊区 Qīng dǎo jiāo qū
チィンダァオジャオチュウ

Around Qingdao

だこの崂山の水から青島ビールは生み出された。

　現在、かつて青島の郊外だった香港中路、石老人、四方、李村といった場所は、青島市街の拡大とともにひとつながりとなっている。それぞれ香港中路商圏、崂山（石老人）商圏、李村商圏といった商圏を形成し、膠州湾口の対岸部には青島経済技術開発区が整備されている。

【まちごとチャイナ】

山東省 004 青島郊外と開発区

目次

青島郊外と開発区	xxxviii
心地よい潮風に吹かれて	xlvi
香港中路城市案内	li
石老人城市案内	lxvii
東アジアの紐帯点青島	lxxxi
崂山鑑賞案内	lxxxvii
市北城市案内	cxiii
四方城市案内	cxviii
李村城市案内	cxxiii
開発区城市案内	cxxx
琅琊台鑑賞案内	cxl
青島郊外城市案内	cl
青島郊外こぼればなし	clvii

【MEMO】

【地図】山東省と中国沿岸部

CHINA
山東省

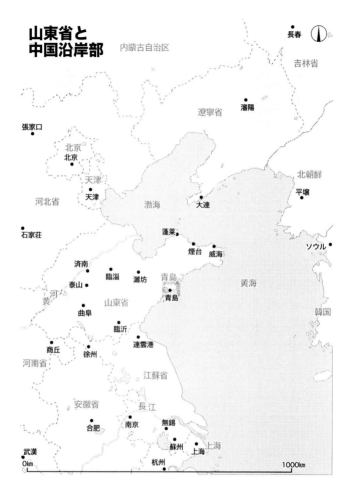

【地図】青島

【地図】青島の ［★★★］
- ☐ 香港中路 香港中路シィアングァンチョンルウ
- ☐ 崂山 崂山ラオシャン

【地図】青島の ［★★☆］
- ☐ 石老人 石老人シイラァオレン

【地図】青島の ［★☆☆］
- ☐ 五四広場 五四广场ウウスウグゥアンチャアン
- ☐ 香港花園 香港花园シャングゥアンフゥアユゥエン
- ☐ 青島博物館 青岛市博物馆チィンダァオシイボオウグゥアン
- ☐ 極地海洋世界 极地海洋世界ジイディハァイヤンシイジエ
- ☐ 康有為墓 康有为墓カァンヨォウウェイムウ
- ☐ 青島清真寺 青岛清真寺チィンダァオチィンチェンスウ
- ☐ 四方 四方スウファン
- ☐ 李村 李村リイチュン
- ☐ 膠州湾 胶州湾ジィアオチョウワン
- ☐ 膠州湾海底トンネル 胶州湾海底隧道 ジィアオチョウワンハァイディスイダァオ
- ☐ 青島経済技術開発区 青岛经济技术开发区 チィンダァオジィンジイジイシュイカァイファアチュウ
- ☐ 青島膠州湾大橋 青岛胶州湾大桥 チィンダァオジィアオチョウワンダアチャオ
- ☐ 青島流亭国際空港 青岛流亭国际机场 チィンダァオリィウティングゥオジイジイチャアン
- ☐ 膠州 胶州ジィアオチョウ

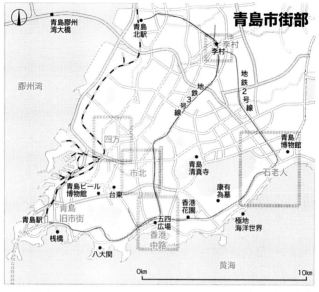

心地よい潮風に吹かれて

CHINA
山東省

どこまでも続く海岸線、豊かな緑
山東省屈指のビジネス拠点は
美しく、優れた住環境をもつ

青島郊外と、拡大する青島

1898年以降、ドイツ植民都市青島（旧市街）の郊外に、中国人の暮らす「大鮑島」「台東鎮」「台西鎮」が整備された。1914年に日本が青島統治をはじめると、青島旧市街から「台東鎮」、さらにその北の「四方」までを一体化する大青島計画が進んだ（また青島北東15kmの「李村」は、各農村へ通ずる要衝だった）。現在、青島郊外の市街地化は進み、20世紀末よりつくられた東郊外の「香港中路（新市街）」、膠州湾口をはさんで南西郊外の黄島に「青島経済技術開発区」が築かれた。かつての郊外の街を飲み込むように街の一体化と拡

Around Qingdao　心地よい潮風に吹かれて

大は続き、市街北 25 ㎞の青島流亭国際空港まで延々と街が連なっている。また空港を越えてさらに北側の「城陽」、19世紀に青島が建設される以前の中心地であった古都の「膠州」や「即墨」が青島の衛星都市を構成している。

住みやすい街青島

ドイツ風家屋の続く青島旧市街から、東に向かって伸びていく長い海岸線。桟橋から八大関、香港中路、石老人、崂山へと続き、海からは心地よい風が吹き、背後には崂山をはじめとする豊かな緑地が広がっている。こうした青島の環境は、

CHINA
山東省

中国でも有数の住みやすい街にあげられるほどで、夏には内陸部から青島に避暑に訪れる中国人も多い(華北を代表するビーチをもつ)。青島の住環境のよさは、外資系企業にとっても魅力的で、韓国企業、日系企業をはじめ、多くの外資系企業が進出している。

山東省の果て

青島が発展をはじめるのは、1898年以降のことだが、山東半島のつけ根にあたるこの地の地政学上の重要性は高かった。紀元前の春秋戦国時代、山東省にあった斉国は他国に先

▲左　高層ビルの林立する新市街は、旧市街とはまるで異なる世界。　▲右　崂山は山東省を代表する観光地となっている

がけて、南の魯国との国境にそって長城を築いた。この斉長城は、済南郊外の旧済水（黄河）から、青島黄島区東于家河で海にいたるまで全長 600 kmになり、青島地区が斉長城の東端とされた。青島の南西 75 kmに位置する琅琊台には、春秋戦国時代、中国を代表する港があったことが知られ、現在は青島琅琊台風景名勝区として整備されている（始皇帝がこの地を訪れ、徐福は青島近郊から東方へ向かったとも伝わる）。またインドへ求法の旅へ出た法顕（337 年ごろ〜 422 年ごろ）は、帰国にあたって青島東 30 kmの崂山に漂着したことも知られる。

【MEMO】

CHINA
山東省

Guide, Xiang Gang Zhong Lu
香港中路城市案内

五四広場に立つ鮮やかな赤のモニュメント
周囲には高層ビルが立ちならび
青島を代表する商圏をつくっている

香港中路 香港中路
xiāng gǎng zhōng lù シィアングァンチョンルウ ［★★★］

青島旧市街から東6kmに位置する香港中路（新市街）は、1990年代から整備が進んだ。ほとんど何もない状態から、わずか10年で政府、オフィスビル、高級百貨店、外資系スーパー、中国資本スーパー、映画館の集まる新市街が形成された（2008年の北京オリンピックに向けて、平屋家屋は撤去され、アパート群が建設された）。その中心に位置するのが1994年竣工の「市政府大楼（市級機関辦公楼）」で、そこから海岸に面した「五四広場」にいたる軸線を中心に、「陽光

CHINA
山東省

百貨」「青島イオン（永旺東泰）」「カルフール（家楽福）」「青島国際金融中心（58階建て、高さ249m）」「青島万邦中心（50階建て、高さ232m）」などの商業施設やビジネス拠点がならぶ。もともと香港中路という名称は、青島新市街を東西に走る道路名で、この新市街をさして香港中路（商圏）とも、東部商圏とも呼ぶ。青島の新しい顔となった香港中路には、青島でも所得の高い人たちが暮らす。

▲左　青島市民の集まる五四広場。　▲右　香港中路は青島の金融センターに成長した

五四広場 五四广场
wǔ sì guǎng chǎng ウウスウグゥアンチャアン [★☆☆]

市政府大楼から南の浮山湾へ向かって広がる南北700mの五四広場。1996年に整備されたウォーターフロントで、美しい芝生、噴水、五四運動をモチーフとするモニュメント「五月的風」が位置する（1919年の五四運動は、青島回収はじめ、山東省の権益返還への運動だった）。広場の周囲にはホテルやレストランが集まるほか、青島市民の憩いの場となっていて、ウィンドサーフィンを楽しむ人の姿も見える。

【地図】香港中路

【地図】香港中路の [★★★]
- 香港中路 香港中路 シィアングァンチョンルウ

【地図】香港中路の [★★☆]
- 五月的風 五月的风 ウウユュエダアファン

【地図】香港中路の [★☆☆]
- 五四広場 五四广场 ウウスウグゥアンチャアン
- 東海路 东海路 ドォンハァイルウ
- 音楽広場 音乐广场 イィンユュエグゥアンチャアン
- 奥林匹克帆船中心 奥林匹克帆船中心
  アオリィンピイカアファンチュゥアンチョンシィン
- 奥帆基地百麗広場商圏 奥帆中心百丽广场
  アオファンチョンシィンバァイリイグゥアンチャアン
- 青島国際金融中心 青岛国际金融中心
  チィンダァオグゥオジイジィンロォンチョンシィン
- 雲霄路 云霄路 ユゥンシィアオルウ

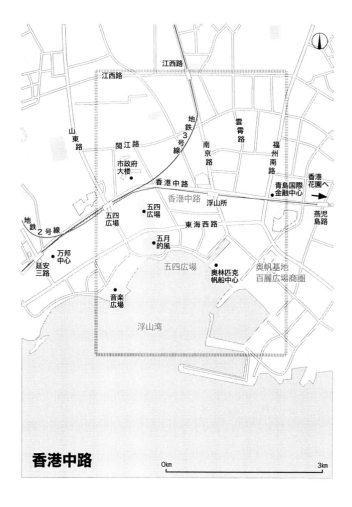

【地図】五四広場

【地図】五四広場の［★★★］
- 香港中路 香港中路シィアングァンチョンルウ

【地図】五四広場の［★★☆］
- 五月的風 五月的风ウウユュエダアファン

【地図】五四広場の［★☆☆］
- 五四広場 五四广场ウウスウグゥアンチャアン
- 東海路 东海路ドォンハァイルウ
- 音楽広場 音乐广场イィンユュエグゥアンチャアン
- 浜海歩行道 海滨木栈道ハァイビィンムウチャァンダァオ
- 奥林匹克帆船中心 奥林匹克帆船中心
  アオリィンピイカアファンチュゥアンチョンシィン
- 奥帆基地百麗広場商圏 奥帆中心百丽广场
  アオファンチョンシィンバァイリイグゥアンチャアン
- 青島国際金融中心 青岛国际金融中心
  チィンダァオグゥオジイジィンロォンチョンシィン
- 雲霄路 云霄路ユュンシィアオルウ

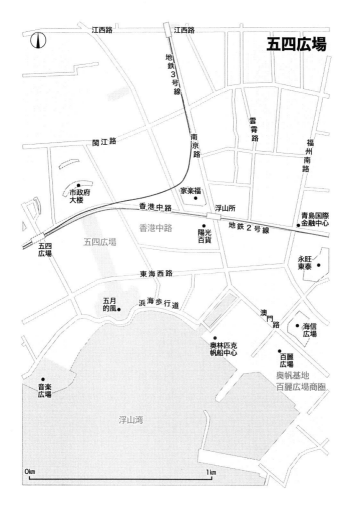

山東省

五月的風 五月的风
wǔ yuè de fēng ウウユゥエダアファン [★★☆]

燃えあがる炎のような真紅の巨大モニュメントの五月的風(5月の風)。五四広場の中央に立ち、高さ30m、直径27mで螺旋状の構造をもち、重さは700トンになる。21世紀を迎えるにあたって、新たな青島の象徴として建てられた。

【MEMO】

山東省

東海路 东海路 dōng hǎi lù ドォンハァイルウ ［★☆☆］
香港中路に並行するように走る東海路。西の太平角から五四広場を通って石老人まで、12.8 kmに渡って続く。通りの両脇には、塑像が立ち、緑地が整備されている。

音楽広場 音乐广场 yīn yuè guǎng chǎng
イィンユゥエグゥアンチァアン ［★☆☆］
五四広場の南西500mに隣接する音楽広場。高さ20mの乳白色のモニュメント「音楽之帆」とともに、石製の巨大ピアノ「銀色波涛」が見られる。1999年に整備された。

▲左　青島の新しいシンボルの五月的風。　▲右　堂々としたたたずまいの市政府大楼

浜海歩行道 海滨木栈道 hǎi bīn mù zhàn dào
ハァイビィンムウチャァンダァオ［★☆☆］

青島の海岸線にそって走る全長36.9 kmの浜海歩行道。新市街（香港中路）の開発にあわせて2002〜05年にかけて整備された。心地よい潮風が吹く。

CHINA
山東省

奥林匹克帆船中心 奥林匹克帆船中心
ào lín pǐ kè fān chuán zhōng xīn
アオリィンピイカアファンチュゥアンチョンシィン [★☆☆]

香港中路の浮山湾に浮かぶ燕児島は、1930年代、「燕島秋潮」として青島十景にあげられる景勝地だった。2008年の北京オリンピックにあたって、ここ青島燕児島で、ヨット、ウィンドサーフィンなどのセーリング種目が行なわれた。オリンピックセンターはその後も奥林匹克帆船中心として利用され、海上ではウィンドサーフィンを楽しむ人も見られる。また奥林匹克帆船中心の近くには奥帆博物館も位置する。

奥帆基地百麗広場商圏 奥帆中心百丽广场
ào fān zhōng xīn bǎi lì guǎng chǎng
アオファンチョンシンバァイリイグゥアンチャアン [★☆☆]

五四広場から東1kmに位置し、香港中路(東部商圏)に連なる奥帆基地百麗広場商圏。高級ブランド店、ショップやレストランが入居する「海信広場」や「百麗広場」には、青島の感度の高い若者が集まる(海信は、青島を拠点とする電化メーカーで、ハイセンスの名前でも知られる)。また近くには「青島イオン(永旺東泰)」も位置する。

山東省

青島国際金融中心 青岛国际金融中心
qīng dǎo guó jì jīn róng zhōng xīn
チィンダァオグゥオジイジィンロォンチョンシィン[★☆☆]

香港中路と福州南路の交わる地にそびえ立つ青島国際金融中心。58階建て、高さ249mの高層ビルで、「斉魯第一高楼」と言われる。あたりには金融機関や大手企業が集まり、青島の金融、ビジネス拠点となっている。

雲霄路 云霄路 yún xiāo lù ユゥンシィアオルウ[★☆☆]

香港中路から北に走る雲霄路は、いくつものレストランが集

▲左　雲霄路から閩江路にかけてレストランが集まる。　▲右　ここで北京オリンピックのヨット競技が行なわれた、奥林匹克帆船中心

まる青島の美食街。海鮮料理はじめ中国各地の料理を出す店がならぶ。また雲霄路と交わる閩江路にも多くの店舗が軒を連ねる。

香港花園 香港花园 xiāng gǎng huā yuán
シャングゥアンフゥアユュエン［★☆☆］

香港中路に2000年に建てられたマンションの香港花園。青島新市街の建設にあわせて多くの韓国人が青島に進出し、香港花園に暮らしたことから、あたり一帯はコリアタウンのようなたたずまいとなっている（韓国城、韓国花園ともいう）。

Guide,
Shi Lao Ren
石老人
城市案内

静かな浜辺が広がっていた石老人
20世紀末から急速に発展し
青島大劇院、博物館、国際会展中心などが位置する

石老人 石老人 shí lǎo rén シイラァオレン ［★★☆］

香港中路より10km東に位置する石老人（崂山商圏）。かつて漁村が点在したが、20世紀末からの青島新市街の開発とともに発展するようになり、自然とレジャー、リゾート地を兼ね備えた新街区へと変貌を遂げた（漁港や、ワカメ、アワビ、ホタテ貝などの養殖施設が撤去された）。世紀広場を中心に青島大劇院、青島博物館、青島国際会展中心などの大型施設、海水浴場、青島国際ビール城、ゴルフコース、極地海洋世界などが位置する。石老人という地名は、このあたりの海岸から100mほど沖に、高さ17mの石柱が立ち、これがひとり

山東省

の老人が海に坐るように見えることから名づけられた（石の真んなかに直径1mほどの穴が空いている）。

青島大劇院 青岛大剧院 qīng dǎo dà jù yuàn
チィンダァオダアジュウユゥエン ［★☆☆］

音楽や演劇などが演じられ、青島の文化発信の場となっている青島大劇院。1600席をもつ馬蹄形のプランをした「歌劇庁」、クラシックコンサートが行なわれる「音楽庁」、戯曲や活劇が行なわれる「多功能庁」などからなる。2010年に完成し、建物の設計には青島の山、海などの自然がとり入れら

【MEMO】

【地図】石老人

【地図】石老人の [★★☆]
- ☐ 石老人 石老人 シイラァオレン

【地図】石老人の [★☆☆]
- ☐ 青島大劇院 青岛大剧院 チィンダァオダアジュウユゥエン
- ☐ 青島博物館 青岛市博物馆 チィンダァオシイボオウウグゥアン
- ☐ ハイアール科技館 海尔科技馆 ハァイアアカアジイグゥアン
- ☐ 青島国際会展中心 青岛国际会展中心 チィンダァオグゥオジイフゥイチャンチョンシィン
- ☐ 青島国際ビール城 青岛国际啤酒城 チィンダァオグゥオジイピイジョウチャン
- ☐ 極地海洋世界 极地海洋世界 ジイディハァイヤンシイジエ
- ☐ 康有為墓 康有为墓 カァンヨォウウェイムウ

山東省

れている。

青島博物館 青岛市博物馆 qīng dǎo shì bó wù guǎn
チィンダァオシイボオウウグゥアン [★☆☆]

青島博物館は1959年に設立され、かつて旧市街の紅卍字会旧址にあったが、青島新市街の建設にあわせて2000年、石老人で開館した。青島地域の古代史からドイツ、日本統治時代まで、青島の歴史を概観する「青島史話」、青花はじめ明清時代の陶磁器を集めた「彩瓷聚珍」、さまざまな時代の貨幣が見られる「古銭今説」、仏像や各種工芸品のならぶ「百

▲左　北魏時代に制作された2体の北魏石仏像。　▲右　青島博物館は石老人へ遷って開館した

工奇技」、美しい書画が展示された「左臂丹青」、山東省の民間木版年画を収蔵する「郷間画記」といった展示が、3階よりなるフロアに続く。膨大な収蔵品のなかでもとくに2体の「北魏石仏像（丈八仏）」が有名で、それぞれ高さ6m（一丈八尺）、重さ30トンとなっている。結われた髪、面長の顔、左手を下に、右手のてのひらを外に向ける施無畏印を結んだ静かなたたずまいは北魏時代の傑作にあげられる（山東省臨淄の龍泉寺にあったものが、1928～30年に青島に運ばれた）。

山東省

ハイアール科技館 海尔科技馆
hǎi ěr kē jì guǎn ハァイアアカアジイグゥアン [★☆☆]

青島に本拠地をおく世界的家電メーカーのハイアールによるハイアール科技館。ハイアールは青島で冷蔵庫工場として出発し、1984年に張瑞敏が工場長に就任してから、事業を拡大させ、やがて白物家電からパソコン、ロボットまで製造する総合家電メーカーへと成長した。この科技館は、1999年に建てられ、「世界家電発展庁」「海爾家電発展庁」「21世紀未来家庭と未来社会展庁」といった展示のなかで、ハイアールの歩みや未来社会が呈示されている。

青岛国际会展中心 青岛国际会展中心
qīng dǎo guó jì huì zhǎn zhōng xīn
チィンダァオグゥオジイフゥイチャンチョンシィン［★☆☆］

石老人の中心にあたる世紀広場に立つ青島国際会展中心。周囲を豊かな自然に囲まれ、国際電子家電博覧会、海洋漁業展示会、ファッション・ウィーク、モーターショーをはじめとするビジネス商談、国際会議など大型イベントが行なわれる。また中華料理、西洋料理などのレストランや各種レジャー施設も併設する。

CHINA
山東省

青島国際ビール城 青岛国际啤酒城
qīng dǎo guó jì pí jiǔ chéng
チィンダァオグゥオジイピイジョウチャン［★☆☆］

青島ビール祭り（青島国際啤酒節）の会場となっている青島国際ビール城。ドイツ植民都市として発展してきた青島では、ドイツ人に飲ませる目的で、本場ドイツから技術者や麦芽、ホップ、瓶まで輸入して青島ビールがつくられた。こうした品質の高さから、青島ビールは今では世界を代表するブランドに成長している。青島国際ビール城は1994年に整備され、青島ビールをかたどったモニュメントを中心に、舞台劇場、

▲左　ここで青島ビール祭りが行なわれる。　▲右　青島大劇院はじめ多くの巨大建築が集まる

ビール広場、ビール宮、ビール街などからなり、娯楽区、商貿区も用意されている。

極地海洋世界 极地海洋世界
jí dì hǎi yáng shì jiè ジイディハァイヤンシイジエ [★☆☆]

極地海洋世界は、極地海洋動物館、歓楽劇場、美食酒吧街、商業街からなる海洋総合テーマパーク。白鯨、ペンギン、北極グマ、ラッコ、セイウチなどが飼育され、イルカショーなども行なわれている。2006年に開館した。

山東省

康有為墓 康有为墓
kāng yǒu wéi mù カァンヨォウウェイムウ [★☆☆]

清朝末期の政治家、思想家の康有為(1858～1927年)は、戊戌の変法の失敗、亡命生活をへて、晩年の1923～27年を青島で暮らした(政治からは引退し、著述活動などにはげんだ)。康有為は自分を「糠(ぬか)」にたとえ、米糠はすぐに風に吹き飛ばされてしまうだろうが、象の耳におかれたら飛ばされないだろうと、当初、李村象耳山の墓に埋葬された。その後、文革(1966～76年)時に破壊され、青島大学の構内に高さ2m、周囲16.4mの新たな墓が整備された。

青岛清真寺 青岛清真寺 qīng dǎo qīng zhēn sì チィンダァオチィンチェンスウ ［★☆☆］

黄金のドームを載せるイスラム教寺院（モスク）の青島清真寺。アーチ状のデザイン、アラビア文字、イスラム教を示す緑、2本のミナレットが印象的な外観をもつ。白い帽子をかぶった回族の人びとが礼拝に訪れる。

東アジアの紐帯点青島

山東半島のちょうどつけ根部分に位置する青島
黄海を越えて韓国、日本など東アジア諸国と
密につながる都市となっている

山東屈指の経済都市

青島は、省都済南にくらべて日本や韓国といった北東アジアへの地の利をもつ。また即墨、膠州、平度、莱西などの衛星都市、中国有数の人口を抱える山東省、ひいては天津や北京を後背地に抱える。現在では青島、天津、大連を中心とする「環渤海経済圏」を構成し、華南の「珠江デルタ（広州、深圳）」、華中の「長江デルタ（上海、蘇州）」とならぶ第3の経済圏として注目されている。1984年に対外開放されて以来、青島は行政の指導、支援策もあって経済成長をとげ、華北有数のコンテナ取り扱い量をほこる港湾設備、複数の開発区、海

洋資源の開発や利用を特徴とする経済都市となっている。また熟練労働力が豊富で、気候の温暖さ、貧富の差の少なさをはじめとする住環境のよさも強みにあげられる。

大企業を生んだ青島

20世紀後半以降、中間層の育った中国では、冷蔵庫、エアコン、洗濯機などの家電産業は花形産業であり、そのトップメーカーのうち、海爾集団（ハイアール）と海信集団（ハイセンス）のふたつが青島に本社をおく。1984年、張瑞敏が青島の破綻しかけた冷蔵庫工場の工場長に就任したとき、在

▲左　青島博物館で見た展示、昔の青島。　▲右　青島ビールや家電といった世界的ブランドが育まれた

庫商品の20%が低品質だったため、張瑞敏は76人の従業員に76台の低品質な冷蔵庫を選ばせ、公衆の面前で巨大ハンマーを使って破壊させた。こうして品質向上への強い意志を示し、顧客の立場に立つことや、実力主義の組織改革を進めて、ハイアールを世界的家電ブランドへと押しあげた（張瑞敏が青島冷蔵庫の第4代工場長に就任した日がハイアールの創業日となっている）。一方のハイセンスは「技術の海信（ハイセンス）」と言われるように、全従業員のなかで技術者の割合が高く、研究開発費に予算の多くをさくことで知られている。100年前、ドイツ統治下の青島で生まれた青島ビール

CHINA
山東省

の世界的成功をなぞるように、青島の企業は、世界的な名声を得ることになった。

韓国・朝鮮と青島

求法のため入唐した円仁は、847年、山東半島先端の赤山浦から、新羅(韓国)船に乗って日本に向かって帰国したという。山東半島と韓国・朝鮮は地理的に近いこともあって、古くから交流があり、現在も日本人や日本企業をはるかに上まわる数の韓国人や韓国企業が青島に進出している。とくに1992年の中韓国交樹立後、韓国企業の青島進出が加速し、李滄区

東アジアの紐帯点青島 | Around Qingdao

と城陽区、また香港中路では香港花園に、ハングル文字のあふれるコリアンタウンが位置する。1930年代には中国朝鮮族が青島に移住し、朝鮮族タウンを各地に形成していた経緯もあり、韓国企業と青島の中国人を結ぶ存在にもなっている（青島は第2の延辺と言われるほか、韓国人の多く暮らす香港花園は韓国城、韓国花園と呼ばれる）。青島と韓国の強い関係は、深圳と香港、厦門と台湾、大連と日本の関係に近いと指摘される。

Guide, Lao Shan
崂山鑑賞案内

春秋戦国時代から道士が訪れたため
道教発祥の地のひとつにあげられる崂山
かつて九宮、八観、七十二庵があったという

崂山 崂山 láo shān ラオシャン ［★★★］

東は崂山湾、南は黄海にのぞみ、海からの波しぶきが打ち寄せる「海上名山第一」の崂山。泰山とならぶ山東省の名山で、『斉記』に「泰山雲高しといえども、東海の崂にはしかず」とあり、崂山の峰々、絶壁、泉、自然は、陽射しや雲もあいまって奇観をつくり、情景が次々と変化していく。春秋戦国時代から斉燕地方の方士がこの地に居を構え、紀元前219年に始皇帝が仙薬を求めて登ったことから、崂山は道教発祥地のひとつにあげられる。その後も、漢の武帝が訪れ、唐の玄宗がここで仙薬をつくらせたとされ、唐の詩人李白は崂山の

CHINA
山東省

美しさを詩に詠んでいる。ここ崂山には、漢代(紀元前140年)建立の太清宮があったが、とくに宋元(10〜14世紀)時代になると道観や仏教寺院が次々と建てられ、聖地化していった。高さ1132.7mの巨峰(崂頂)を中心に、崂山景区全体の面積は300平方キロメートルにおよび、けわしい東部となだらかな西部といったように各景区で特徴をもち、豊富な降雨量、温暖な気候から植生が豊かなことでも知られる。

▲左　崂山は道教の発祥地のひとつ見られている。　▲右　青島市街から東に30km、ここが崂山の入口

崂山という名称

「崂山（láo shān）」は「労山（láo shān）」、「牢山（láo shān）」とも表記される。こうした名称がつけられたのは、始皇帝（紀元前259〜前210年）がこの山に巡行した際、付近の住民が道路づくりや運搬の労役を担い、苦しんだからだとも、この山を登るのに労苦が多いからだともいう。

流清遊覧区 流清游览区 liú qīng yóu lǎn qū
リィウチィンヨウラァンチュウ [★☆☆]

崂山への入口部分にあたる流清遊覧区。南側に東海が広がり、打ち寄せる波しぶき、岩礁などの美しい景色が見られる。流清湾には大亀が伏せたような「伏鰲」、カエルのかたちをした「青蛙石」などの奇岩が残る。景区の名前は流清河からとられている。

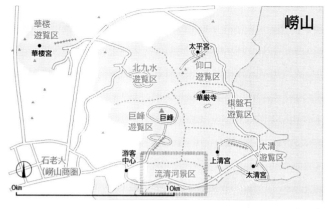

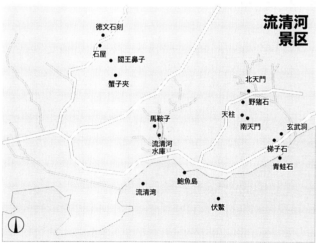

山東省

太清遊覧区 太清游览区 tài qīng yóu lǎn qū
タァイチィンヨウラァンチュウ［★★★］

崂山の南東隅に位置し、山と海に囲まれた景勝地の集まる太清遊覧区。その中心に位置する「太清宮」は、漢代の紀元前140年に建立されて以来、2000年以上に渡って続く道教聖地で、「道教全真天下第二叢林」と刻まれた石刻も見える。太清遊覧区にはこの「太清宮（下宮）」に対する「上清宮（上宮）」のほか、1162年の開削で、明代に道士の孫紫陽が修行したという「明霞洞」、「我昔東海上，劳山餐紫霞」と詠った唐代の詩人李白にちなむ「太白石」、高さ30mの断崖から落下し、

崂山観賞案内

▲左　道教全真天下第二叢林の文字。　▲右　崂山観光の中心地となっている太清宮

水しぶきがあたかも玉龍が飛舞するような「龍潭瀑(玉龍瀑)」などの景勝地が点在する。また海に突き出した半島の突端には「崂山頭」、高さ70mの断崖「八仙墩」が位置する。このあたりは気候が温暖なため、江南の植物も繁茂し、「小江南」とも呼ばれる。

【地図】崂山

【地図】崂山の [★★★]
- [ ] 崂山 崂山 ラオシャン
- [ ] 太清遊覧区 太清游览区 タァイチィンヨウラァンチュウ

【地図】崂山の [★★☆]
- [ ] 太清宮 太清宫 タァイチィンゴォン
- [ ] 上清宮 上清宫 シャンチィンゴォン

【地図】崂山の [★☆☆]
- [ ] 流清遊覧区 流清游览区 リィウチィンヨウラァンチュウ
- [ ] 棋盤石遊覧区 棋盘石游览区 チイパァンシイヨウラァンチュウ
- [ ] 仰口遊覧区 仰口游览区 ヤァンコウヨウラァンチュウ
- [ ] 巨峰遊覧区 巨峰游览区 ジュウフェンヨウラァンチュウ
- [ ] 北九水遊覧区 北九水游览区 ベイジュウシュイヨウラァンチュウ
- [ ] 華楼遊覧区 华楼游览区 フゥアロウヨウラァンチュウ

Around Qingdao | 崂山観賞案内

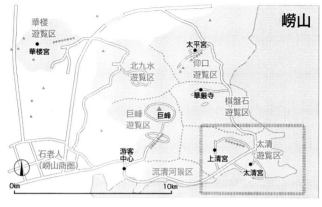

山東省

太清宮 太清宮 tài qīng gōng タァイチィンゴォン ［★★☆］
漢代の紀元前140年に建立された由緒正しい歴史をもつ太清宮。青島最大の道教寺院で、960年、宋の太祖（在位960～976年）が華蓋真人のための道場としたことで、現在の規模となった。その後、さびれることもあったが、崂山を代表する道観として持続し、「上清宮（上宮）」に対して、「下清宮（下宮）」とも呼ぶ。三宮殿、三清殿、三皇殿などが位置し、玉清元始天尊、上清霊宝天尊、太清道徳天尊という道教の最高神格「三清」がまつられている。三清殿の前に決して枯れないという「神泉水」がわくほか、明代の1588年に建てられ

太清宮

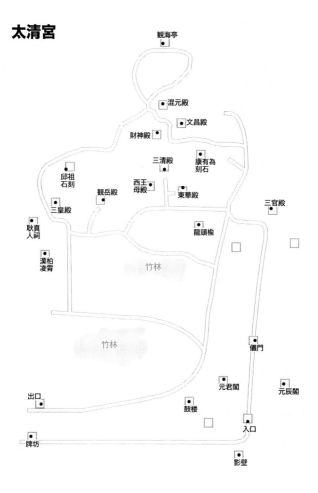

Around Qingdao

崂山観賞案内

山東省

た仏教寺院海印寺跡も残る(海印寺として再興されたことがあった)。宝珠山の麓、自然と調和するように三方を山に囲まれてたたずみ、周囲は美しい花や樹木で彩られている。

上清宮 上清宮 shàng qīng gōng シャンチィンゴォン[★★☆]
山々、樹木、溪流といった自然に抱かれるように立つ道教寺院の上清宮。古くは崂山山中に位置し、崂山廟といったが、その後、宋の太祖(在位960〜976年)がこの地に遷して新たに創建し、上清宮と命名した。元代に再建され、以後、増改築を重ね、全真教の高道僧たちがここで説法を行なってい

▲左　波が打ち寄せる、流清遊覧区。　▲右　各景区のあいだはバスが走っている

る(なかでも長春真人が崂山で三度、布道し、その衣冠塚が残る)。上清とは玉清、太清とともに道教の最高の天境を意味する。

蒲松齢と崂山道士

古くから多くの道士が暮らした道教聖地の崂山には、さまざまな物語が伝わる。そのひとつが山東省出身の蒲松齢の記した『崂山道士』で、蒲松齢は1672年、崂山を訪れ、太清宮に2か月滞在している(蒲松齢は怪奇小説集『聊斎志異』の著者で、『崂山道士』はそのなかのひとつ)。『崂山道士』は、

CHINA
山東省

王七が崂山の道士に弟子入りした話で、王七は道士から壁抜けの術を教えてもらった。そして、道士は「家に帰っても壁抜けができることを言ってはならない」「邪念があっても術は成功しない」と告げた。崂山を下山した王七は早速、妻に「壁抜けの術」のことを話したが、妻は信じなかった。そこで王七は術を見せようと、壁に向かって突進したが、見事、壁にぶつかって「壁抜けの術」はできなかったという。また蒲松齢の著作のなかで、崂山下清宮（太清宮）に下宿する黄生と、そこに咲く「牡丹の精」香玉との物語『香玉』も知られる。

棋盤石遊覧区 棋盘石游览区 qí pán shí yóu lǎn qū
チイパァンシイヨウラァンチュウ ［★☆☆］

高さ657mに立つ長さ15m、幅8mの「棋盤石」から名づけられた棋盤石遊覧区。東に崂山湾が広がり、崂山にある唯一の仏教寺院「華厳寺」が残る（崂山仏教は、264年に崇仏寺が建てられたことをはじまりとする）。明代の1652年、即墨の黄宗昌がこの地で華厳庵を開き、たびたび兵火で焼失したが、その度に再建され、現在の「華厳寺」となった。また棋盤石遊覧区には412年、インドへの求法の旅の帰途、崂山南岸に漂着した法顕にまつわる「法顕広場」も位置する（水路

山東省

を見誤り、海水をとりながらこの地にいたった)。ほかには、崂山の道士が修行した天然の石洞「那羅延窟」、海抜640mにある1714年創建の道観の「明道観」が景勝地となっている。

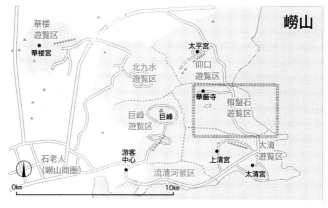

山東省

仰口遊覧区 仰口游览区 yǎng kǒu yóu lǎn qū
ヤァンコウヨウラァンチュウ ［★☆☆］

崂山北東部に位置し、仙山勝境、洞天福地、海上宮殿とたたえられる「太平宮」が位置する仰口遊覧区。「太平宮」は960年、宋の太祖によって華蓋真人のために建てられ、正殿（三清殿）と、山官殿、真武殿という左右の配殿が伽藍をつくる。近くには、巨大な岩塊の「獅子峰」、山上の岩壁に刻まれた「寿の字（寿字峰）」、「覓天洞」や「白雲洞」といった道教の聖地（洞天）も位置する。仰口遊覧区の丘陵部からは、仰口湾に面した長さ2200mの砂浜（水平線）を見ることができ、

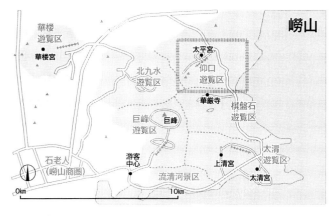

山東省

蜃気楼があらわれることもあるという。海岸近くには関羽をまつる「関帝廟」も残る。

巨峰遊覧区 巨峰游览区
jù fēng yóu lǎn qū ジュウフェンヨウラァンチュウ[★☆☆]
高さ1132.7m、崂山最高峰の巨峰（崂頂）を中心とした巨峰遊覧区。崂山の岩塊は白亜紀（〜6500万年前）から形成されたと考えられ、「巨峰」を中心に霊旗峰、虔女峰、丹炉峰などの奇峰や奇岩が周囲に林立する。「海上名山第一」の石刻が位置し、巨峰から見る日の出は「巨峰旭照」として知られる。

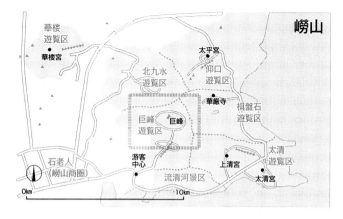

山東省

北九水遊覧区 北九水游览区 běi jiǔ shuǐ yóu lǎn qū
ベイジュウシュイヨウラァンチュウ ［★☆☆］

巨峰の南斜面から流れ出る、全長33kmの白沙河上流に位置する北九水遊覧区（北九水のほか、南九水、内九水が位置する）。9度曲がる流れのなかには、九水十八潭と呼ばれる景勝地が点在し、「冷翠峡」や「魚鱗峡」、潮のような音を出す「潮音瀑」を通って渓流が11km続く。周囲には「蔚竹庵」のような景勝地も多く、周囲には季節にあわせて変化する温帯植物が繁茂する。

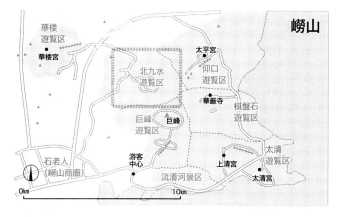

山東省

華楼遊覧区 华楼游览区
huá lóu yóu lǎn qū フゥアロウヨウラァンチュウ [★☆☆]
崂山の北西部、崂山水庫のそばに位置する華楼遊覧区。高さ348mの華楼峰がそびえ、元代の1325年、劉志堅によって建てられた「華楼宮」が残る。この「華楼宮」には崂山の名泉のひとつ金液泉がわいているほか、多くの石碑も見られる。

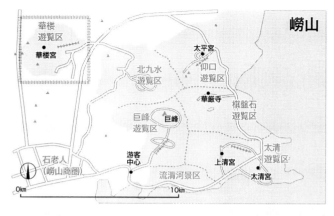

Guide, Shi Bei
市北
城市案内

青島市街の北側に位置する市北
香港中路、台東へのアクセスがよく
中央商務区として開発された

青島CBD 青岛CBD qīng dǎo CBD
チィンダァオシービーディー [★☆☆]

高層ビルの林立する市北のCBD商圏（中央商務区）。かつて青島市街部から少し離れた集落があったところだが、20世紀後半から発展をはじめた。現在は青島旧市街と、香港中路、李村とならぶ商業圏を形成し、「青島CBD万達広場」をはじめ、大型ショッピングモールやビジネスセンターが集まる。

【地図】市北

【地図】市北の [★☆☆]

- [ ] 青島 CBD 青岛 CBD チィンダァオシービーディー
- [ ] 青島図書館 青岛市图书馆
  チィンダァオシイトウシュウグゥアン
- [ ] 撫順路蔬菜副食品批発市場 抚顺路蔬菜副食品批发市场
  フウシュンルウシュウツァイフウシイピンピイファシイチャアン

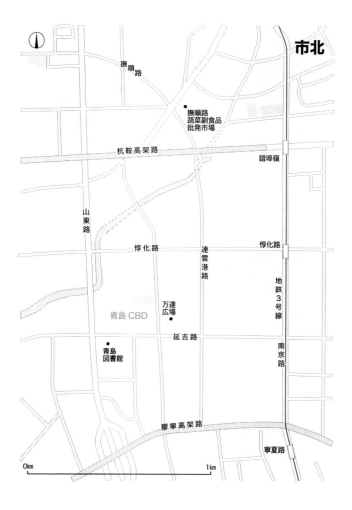

山東省

青島図書館 青岛市图书馆 qīng dǎo shì tú shū guǎn
チィンダァオシイトウシュウグゥアン [★☆☆]

市北に位置する7階建ての青島図書館。青島では、ドイツ統治時代の1899年、膠州図書館が開かれ、この青島図書館は1924年に建てられた膠澳商埠公立通俗図書館を前身とする。現在の青島図書館は2002年に一般に開放され、正面の巨大なフレームは「知識の門」を意味する。

撫順路蔬菜副食品批発市場 抚顺路蔬菜副食品批发市场
fǔ shùn lù shū cài fù shí pǐn pī fā shì chǎng フウシュンル
ウシュウツァイフウシイピンピイファシイチャアン［★☆☆］

青島近郊の農村地帯から運ばれてくる野菜が集まる撫順路蔬菜副食品批発市場。青島最大規模の野菜市場で、ほうれん草、空芯菜、ニラ、チンゲンサイ、ナス、カリフラワー、トマト、きゅうり、ネギ、白菜、バレイショ、米、大豆、とうもろこし、落花生などがならぶ（市南、市北、四方、李滄の青島各商圏からのアクセスがちょうどよい）。トラックで乗りつけてくる売り手、各地から買いつけにやって来る買い手が集まる。

**Guide,
Si Fang**
四方
城市案内

CHINA
山東省

ドイツ植民都市のあった青島旧市街の北
大港へも近い台東から四方の一帯は
かつて日本人が多く進出した場所でもあった

四方 四方 sì fāng スウファン ［★☆☆］

青島市街の北東6kmに位置し、明清時代からの伝統をもつ四方。1898〜1914年のドイツ統治時代、膠済鉄道の四方駅がつくられ、続く日本統治時代には青島に隣接する立地が注目され、四方、滄口には多くの日系企業の工場があった。現在は青島のベッドタウンとなっているほか、青島民俗館（海雲庵）が位置する。

青島民俗館 青岛民俗馆 qīng dǎo mín sú guǎn
チィンダァオミィンスウグゥアン ［★☆☆］

明（1368 ～ 1644 年）代に建設され、以来 500 年を超す伝統をもつ海雲庵。もともと海雲庵は道教寺院（道観）で、四方はその門前町だった。現在、青島民俗館として開館していて、「序庁」「民俗風情」「港口風情」「城市風情」などの展示が見られる。

【地図】四方

【地図】四方の [★☆☆]

- [ ] 四方 四方 スウファン
- [ ] 青島民俗館 青岛民俗馆 チィンダァオミィンスウグゥアン
- [ ] 青島CBD 青岛CBD チィンダァオシービーディー

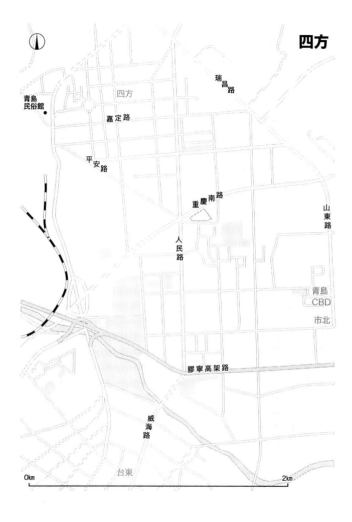

Guide,
Li Cun
李村
城市案内

青島市街の北30kmに位置する李村
現在は青島の衛星都市のひとつとして注目され
李村商圏をつくっている

李村 李村 lǐ cūn リイチュン [★☆☆]

青島市街と郊外の農村地帯のあいだ、李村河中流ほとりに位置する李村。各地とつながる街道がこの地に集まり、明（1368〜1644年）代には市が立っていたという。ドイツや日本の統治時代から、李村に行政機関がおかれていたが、こうした性格は現在でも続き、青島の「城郷接合部」となっている。各地から集まった物産、商品が露天でならぶ定期市の「李村大集」や、韓国、朝鮮族が李村に集住していることなどが知られ、現在では大型ショッピングモールも多く立っている（農村部の中低所得者層をターゲットとすることを特徴とする）。

【地図】李村の [★☆☆]

- [ ] 李村 李村リイチュン
- [ ] 向陽路 向阳路シィアンヤァンルウ
- [ ] M6 創意産業園 M6 创意产业园 エムリュウチュゥアンイイチャンイエユゥエン
- [ ] 青島紡績博物館 青岛纺绩博物馆 チィンダァオファンジイボオウグゥアン

Around Qingdao 李村城市案内

李村

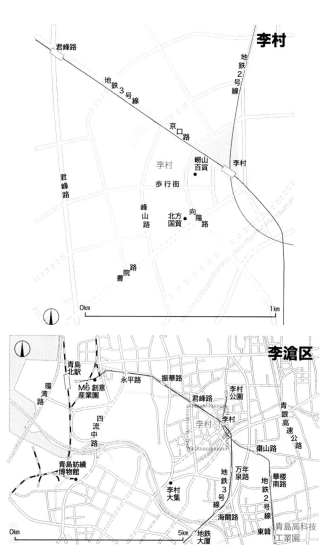

李滄区

山東省

1994年、この李村を中心に李滄区ができ、また石老人とこの李村のちょうどあいだ(李村南東3.5km)に青島高科技工業園も整備されている。

向陽路 向阳路 xiàng yáng lù シィアンヤァンルウ ［★☆☆］
李村商圏の中心部を走る向陽路。あたりは歩行街となっていて、「崂山百貨大楼」「青島北方国貿大厦」などの大型店舗がならぶ。

▲左 郊外が市街化していく、街角の様子。 ▲右 バスが集まる交通の起点となっている汽車站

M6 創意産業園 M6 创意产业园
M6 chuàng yì chǎn yè yuán
エムリュウチュゥアンイイチャンイエユゥエン ［★☆☆］

戦前、日本の紡績工場（鐘淵系の公大紡績）のあった場所が、M6創意産業園として生まれ変わった。李滄区西部の青島北駅（李村西5km）に近く、ビジネス拠点、文化センター、シーフードのならぶグルメ街、ホテルや住宅などが集まる。緑地を多くとったデザイン性の高い空間となっている。

山東省

青島紡績博物館 青岛纺绩博物馆
qīng dǎo fǎng jī bó wù guǎn
チィンダァオファンジイボオウウグゥアン ［★☆☆］

1934年に建てられた日系の紡績工場があった場所に開館した青島紡績博物館。紡績業は青島を工業化させた、かつてのこの街の主要産業だった。当時の工場で使われていた機械や日本統治時代の様子、資料などの展示を見ることができる。

Guide, Kai Fa Qu
開発区
城市案内

CHINA
山東省

郊外を飲み込みながら発展していく青島
赤屋根のならぶ青島旧市街のちょうど対岸に
開発区が整備された

膠州湾 胶州湾 jiāo zhōu wān ジィアオチョウワン [★☆☆]
山東半島のつけ根部分、ちょうどとっくり状に東西から岬が伸びる膠州湾。山東半島でもっとも大きな海湾で、冬も凍結せず、大型船舶も入港できる天然の良港となっている。この膠州湾は唐代から宋代まで貿易船が行き交う海上交易の拠点（当時の中心は膠州）だったが、清代にはさびれた漁村が点在するばかりだった。こうしたなかドイツは、1862～72年に地理学者リヒトホーフェンを派遣し、その優れた地勢が確認されたことで、膠州湾は注目されるにいたった（その後のドイツによる青島租借へとつながっていった）。膠州湾では

干満の差がはげしく、塩の産地であったほか、あさりの養殖もさかんに行なわれてきた。

膠州湾海底トンネル 胶州湾海底隧道 jiāo zhōu wān hǎi dǐ suì dào ジィアオチョウワンハァイディスイダァオ[★☆☆]
青島市街と対岸の開発区を結ぶためにつくられた長さ7800mの膠州湾海底トンネル。膠州湾東西を結ぶため、2011年に完成し、それまでのフェリーによる往来から大幅に利便性が高まった。またこの南の膠州湾海底トンネルに対して、北に青島膠州湾大橋がかかっている。

【地図】開発区

【地図】開発区の ［★☆☆］
- ☐ 膠州湾 胶州湾 ジィアオチョウワン
- ☐ 膠州湾海底トンネル 胶州湾海底隧道 ジィアオチョウワンハァイディスイダァオ
- ☐ 青島経済技術開発区 青岛经济技术开发区 チィンダァオジィンジイジイシュイカァイファアチュウ
- ☐ 青島前湾港 青岛前湾港 チィンダァオチィエンワンガァン
- ☐ 金沙灘 金沙滩 ジィンシャアタァン
- ☐ 斉長城老龍頭 斉长城老龙头 チイチャンチャアンラオロォントォウ

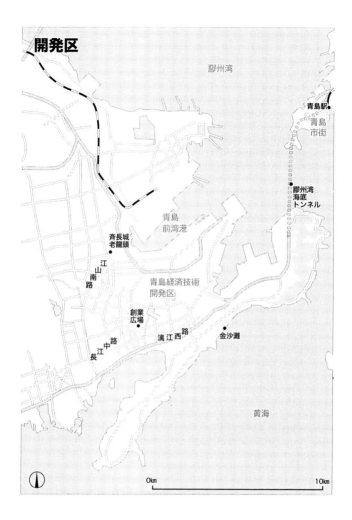

山東省

青島経済技術開発区 青岛经济技术开发区
qīng dǎo jīng jì jì shù kāi fā qū チィンダァオジィンジイジイシュイカァイファアチュウ［★☆☆］

膠州湾口をはさんで青島市街の対岸に位置する青島経済技術開発区（黄島区）。このあたりには黄島と呼ばれる島が浮かび、小漁村が点在するばかりだったが、改革開放の流れを受けて、大連、天津、上海、杭州とともに1984年から経済特区として開発がはじまった（「青」島とともに、膠州湾口に浮かんでいた「紅」島と「黄」島はつながった）。企業誘致のためにインフラが整備され、企業の研究、開発、製造拠点である

▲左 青い海と緑の自然、青島進出を後押しする好環境。 ▲右 1984年の対外開放からわずかの期間で成長をとげた

工業園がこの開発区に位置する。街は「開発区創業広場」を中心に、華北有数の「前湾港（青島新港）」、多くの大型商業施設がならぶ「長江路」、中国有数のビーチである「金沙灘」など、海と緑豊かな自然をもとに、計画された街区が広がる。

青島前湾港 青岛前湾港 qīng dǎo qián wān gǎng
チィンダァオチィエンワンガァン ［★☆☆］

青島経済技術開発区につくられた大型港湾の前湾港（青島新港）。コンテナ、鉄鉱石、石炭、石油などに応じたターミナルが用意され、対岸（市街側）の大港、小港にくらべて大型

船舶も接岸できる。隣接して保税区が整備されていて、大連、天津にならぶ華北を代表する港湾となっている。

金沙灘 金沙滩 jīn shā tān ジィンシャアタァン ［★☆☆］
黄海に面して全長3500m、幅300mの月牙型のビーチをもつ金沙灘。青い海、黄色い砂浜、自然の緑が鮮やかな色合いをつくり、パラソルがならぶ。柔らかな良質の砂をもつ中国屈指のビーチとなっている。

斉長城老龍頭 斉长城老龙头 qí cháng chéng lǎo lóng tóu
チイチャンチァンラオロォントォウ ［★☆☆］

春秋戦国時代、山東省をおさめた斉は、南の魯国との国境沿いに長城を築いた。この斉の長城は西は済水（黄河）のほとりから発して、泰山の北を通り、琅琊の北側の青島黄島で海にいたった。その長さ500km、一千里におよんだことから、「千里の長城」とも呼ぶ（斉の長城が最古のもので、その後、始皇帝が各地の長城をつないで万里の長城を築いた）。斉長城は紀元前6世紀ごろに建てられはじめたが、現在のものは開発区の整備にあわせて新たに再建された。斉長城老龍頭はじ

CHINA
山東省

め、青島黄島区内で 50 km続き、高さ 6m の烽火台などが見られる。

Guide, Lang Ya Tai
琅琊台鑑賞案内

CHINA
山東省

紀元前221年、中国全土を統一した始皇帝
自らの故郷の乾燥地帯とはまったく異なり
どこまでも広がる海をここ琅琊台から眺めた

琅琊台 琅琊台 láng yá tái ラァンヤアタァイ ［★★☆］

東海に突き出した岬に位置し、どこまでも続く水平線が視界に入る海抜183.4mの琅琊台。波は穏やかで、冬は暖かく、夏はすずしい心地よい気候をもつ。琅琊台はかつて斉の八神のひとつ「四季をまつる四時主（斉の東方の琅琊台）」の聖地で、春秋戦国時代には中国五大港のひとつにあげられた。紀元前221年、中国を統一した始皇帝は五度に渡る巡行のなかで、三度、琅琊を訪れている。大海に面した美しい自然や景色のとりこになり、ここに壮大な離宮を築いて滞在し、徐福をはじめとする斉や燕の方士たちと面会した（琅琊城東南

琅琊台観賞案内

の大楽山に新たに築かれた琅琊台は三層からなり、最上部から大海をのぞむことができたという）。春秋戦国から秦漢時代までは即墨とともに青島近郊の中心都市であったが、隋唐（6〜10世紀）時代になると、登州、莱州が台頭し、琅琊は衰退していった。1993年からこの琅琊台を整備する計画が進み、現在は琅琊台風景区として観光地化されている。

琅琊文化陳列館 琅琊文化陈列馆 **láng yá wén huà chén liè guǎn ラァンヤアウェンフゥアチェンリエグゥアン**［★☆☆］
徐福などの斉の方士たちによる「祈福文化」、秦の始皇帝が

【地図】琅琊台

【地図】琅琊台の [★★★]
- ☐ 香港中路 香港中路 シィアングァンチョンルウ

【地図】琅琊台の [★★☆]
- ☐ 琅琊台 琅琊台 ラァンヤアタァイ

【地図】琅琊台の [★☆☆]
- ☐ 琅琊文化陳列館 琅琊文化陈列馆 ラァンヤアウェンフゥアチェンリエグゥアン
- ☐ 徐福殿 徐福殿 シュウフウディエン
- ☐ 観龍閣 观龙阁 グゥアンロォンガア
- ☐ 群雕像 群雕像 チュンディアオシィアン
- ☐ 刻石亭 刻石亭 カアシイティン
- ☐ 望越楼 望越楼 ワァンユエロウ
- ☐ 斎堂島 斋堂岛 チャイタァンダオ
- ☐ 膠州湾 胶州湾 ジィアオチョウワン
- ☐ 青島経済技術開発区 青岛经济技术开发区 チィンダァオジィンジイジイシュイカァイファアチュウ
- ☐ 金沙灘 金沙滩 ジィンシャアタァン

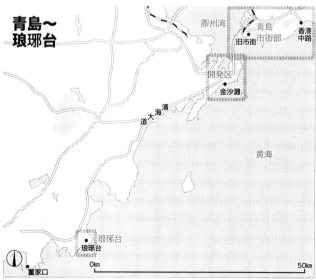

山東省

たびたび訪れるなど「帝王文化」をあわせもつ琅琊を紹介した琅琊文化陳列館。両手を大きく広げた「千古一帝秦始皇」の始皇帝像、清末民国の琅琊人の王和沛の描いた「琅琊台図」が知られる。1999年に建てられた。

徐福殿 徐福殿 xú fú diàn シュウフウディエン ［★☆☆］
斉では神仙思想や方術をもちいる方士の力が強く、徐福はそうしたなかのひとりだった。紀元前219年、琅琊を訪れた始皇帝に対し、徐福は東方の海にあるという神仙の棲む「蓬莱、方丈、瀛洲」や「不老不死の仙薬」について上奏した。その

▲左　始皇帝が不老長寿への想いをめぐらせた海。　▲右　青島市街で食事はとっておきたい

話を聞いた始皇帝は莫大な費用を投じて、徐福と童男童女3000人を東海へと派遣したが、徐福はそのまま帰ってこず、日本に到着したともいう。東方の海上にときおり見えたという「蓬莱、方丈、瀛洲」は蜃気楼だと考えられていて、徐福の出港地は琅琊台のほか、秦皇島、連雲港など複数の候補地があげられている。徐福殿には、徐福の塑像がおかれている。

観龍閣 观龙阁 guān lóng gé グゥアンロォンガア ［★☆☆］
中央の堂々とした二層の楼閣をはじめ、5つの亭閣と東西の回廊からなる見晴台の観龍閣。赤色の柱と黒の屋根瓦をもつ

山東省

伝統的な中国様式の建物となっている。「龙（龍）」の文字が見えるほか、回廊には明代の碑刻などが残る。

群雕像 群雕像 qún diāo xiàng チュンディアオシィアン［★☆☆］
秦の始皇帝、徐福、胡亥、李斯、趙高らをかたどった彫刻の群雕像。紀元前219年、始皇帝は琅琊台に3か月滞在し、3万人を移住させて、琅琊台を整備したという。始皇帝が琅琊台を訪れた紀元前219年、前218年、前210年の三度のうち、群雕像では紀元前210年に徐福と謁見したときの様子が描かれている。

刻石亭 刻石亭 kè shí tíng カアシイティン［★☆☆］

始皇帝は巡行にあたって東方の山と海に7つの刻石を建て、天下を統一した秦の徳を示した。琅琊台に伝わる高さ129㎝、幅67.5㎝の刻石は、始皇帝ではなく、第2代胡亥のもので、宰相李斯によって記された。秦が行なった「文字や度量衡の統一」に関する内容が、13行86字で刻まれていて、この刻石の本物は北京歴史博物館に収蔵されている。

望越楼 望越楼 wàng yuè lóu ワァンユエロウ［★☆☆］

春秋時代、呉越の戦いに勝利して覇を唱えた越王勾践（〜

前465年)は、紀元前472年に斉の琅琊に都を遷した。越と斉は海上交易でつながりがあり、中原諸国に号令するために都を遷したとも、斉の庇護下に入ったとも考えられる。望越楼は越王勾践がこの地に観望台をもうけ、はるか南方の越を思ったという故事にちなんで、1993年に建てられた。剣をもった鎧兜姿の越王勾践像が立つ。

斎堂島 斋堂岛 zhāi táng dǎo チャイタァンダオ ［★☆☆］
琅琊台の先に浮かぶ斎堂島。ここで始皇帝が不老不死を祈って斎戒を行なったと伝えられる。

Guide,
Qing Dao Jiao Qu
青島郊外
城市案内

CHINA
山東省

青島の発展とともに街は郊外へ拡大を続け
現在は、城陽、即墨、膠州といった衛星都市
もあわせて大青島経済圏をつくる

青島膠州湾大橋 青岛胶州湾大桥 **qīng dǎo jiāo zhōu wān dà qiáo** チィンダァオジィアオチョウワァンダアチャオ [★☆☆]
膠州湾を横断する全長36.48kmの青島膠州湾大橋。東の青島側、北の紅島、西の黄島を結び、膠州湾海底トンネルとともに青島と、膠州湾沿いの街を一体化している。2011年に完成した。

青島流亭国際空港 青岛流亭国际机场 **qīng dǎo liú tíng guó jì jī chǎng** チィンダァオリィウティングゥオジイジイチャアン [★☆☆]
青島市街から北に23km離れた青島流亭国際空港。1958年に

建設され、華北を代表する空港となっている。青島流亭国際空港の周囲には、桃やぶどうの農地が見られるが、おおむね南の青島旧市街まで市街地が続く。

城陽 城阳 chéng yáng チャアンヤァン ［★☆☆］
青島北郊外に位置する城陽は、長らく即墨に属する行政区画だった。北魏の武帝（424〜452年）の創建になるという法海寺が位置し、北斉時代の仏像も残る（法海寺は青島地区を代表する古刹で、崂山へ続く地理をもつ）。青島流亭国際空港への立地がよさが注目される。

【地図】青島郊外

【地図】青島郊外の［★★★］
- 香港中路 香港中路シィアングァンチョンルウ
- 崂山 崂山ラオシャン

【地図】青島郊外の［★★☆］
- 石老人 石老人シイラァオレン
- 琅琊台 琅琊台ラァンヤアタァイ

【地図】青島郊外の［★☆☆］
- 青島膠州湾大橋 青岛胶州湾大桥
  チィンダァオジィアオチョウワァンダアチャオ
- 青島流亭国際空港 青岛流亭国际机场
  チィンダァオリィゥティングゥオジイジイチャアン
- 城陽 城阳チャアンヤァン
- 即墨 即墨ジイモオ
- 膠州 胶州ジィアオチョウ
- 膠州湾 胶州湾ジィアオチョウワン
- 膠州湾海底トンネル 胶州湾海底隧道
  ジィアオチョウワンハァイディスイダァオ
- 青島経済技術開発区 青岛经济技术开发区
  チィンダァオジィンジイジイシュイカァイファアチュウ
- 金沙灘 金沙滩ジィンシャアタァン

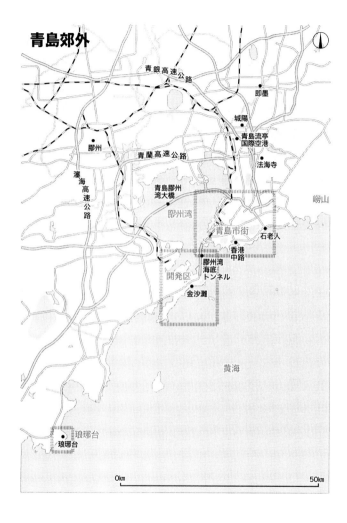

CHINA
山東省

即墨 即墨 jí mò ジイモオ ［★☆☆］

即墨は春秋戦国時代から山東半島の主都だったところで、秦代に県がおかれ、以後、この地域の政治、経済、文化の中心地だった。隋代初期に今の即墨城が建てられ、以来、1500年にわたる伝統がある（「膠東之花」とたとえられる）。現在は青島の衛星都市群の一角を形成し、衣類や雑貨をあつかう服装市場、小商品城などでも知られる。

膠州 胶州 jiāo zhōu ジィアオチョウ ［★☆☆］

膠州湾という名前は、このあたりの中心地であった膠州（街）に由来する（かつて青島は膠奥と呼ばれていた）。唐代、板橋鎮が膠州におかれると、貿易の拠点となり、唐、北宋（7〜12世紀）代を通じて全国五大商埠のひとつだった。華北最大の対外窓口で、海のシルクロードの拠点としてにぎわって「金膠州」と呼ばれた。膠州のもつ性格は、近代以降、青島にゆずることになったものの、現在、膠州は青島の衛星都市として注目されている。古い伝統をもつことから、剪紙や八角鼓などの民間芸能が盛んな地でもある。

青島郊外
こぼれ
ばなし

膠州湾にたたずむ小漁村からドイツ植民都市
20世紀後半以降の青島は
リゾート地としても注目されるようになった

ドイツと崂山

1898年、自国の宣教師殺害事件を口実に、ドイツは青島を租借し、植民都市青島の建設がはじまった。ドイツは青島郊外の崂山の優れた気候にも注目し、崂山中腹（標高460m）の柳樹台に保養地をつくった。またカリウム、ナトリウム、カルシウムなどの鉱物をふくんだ崂山のミネラルウォーターは、青島ビール製造の重要な役割を果たした（ほか崂山の水を使った崂山茶も知られる）。

滄口にあった日系企業

1914年に勃発した第一次世界大戦で、日本が青島を占領すると、紡績、蚕糸、製粉、マッチ、石鹸、皮革、鶏卵といったさまざまな分野の日系企業が青島に進出し、大港に近い四方から滄口に大規模な日系工場が建てられていった。なかでも人びとの衣服に必要な綿花をあつかう紡績業が盛んで、日本の紡績業はまず上海に進出したが、1920年代以降は青島に集中した（青島経済の中心となっていた）。青島の紡績工場には在華紡（日系企業）と民族紡（中国資本）があった。

▲左　美しい自然と道観の甍、崂山にて。　▲右　豊かな海鮮料理も青島の魅力

青島と海のシルクロード

青島は 1898 年以降発展していったものの、それより 1000 年も前、膠州湾は海のシルクロードの拠点として知られていた。唐代の 623 年、膠州板橋鎮がおかれ、高麗や日本の商人、僧侶はここから上陸して長安へ向かった。その後も、膠州塔埠頭は中国沿岸部を往来するジャンク船でにぎわい、南方の紙や陶磁器が運ばれてきた。山東半島では、南側の膠州湾は、北側の蓬莱とならぶ要衝であり、こうした地の利に目をつけたドイツは、青島だけでなく、膠州湾全域を租借地とした。当初、青島は「膠奥（膠州の奥）」と呼ばれていた。

参考文献

『崂山区志』（青岛市崂山区志编纂委员会编 / 方志出版社）

『崂山志』（青岛市史志办公室编 / 新华出版社）

『道教海上名山』（高明见 / 宗教文化出版社）

『青島（チンタオ）をめぐるドイツと日本』（瀬戸武彦 / 高知大学学術研究報告）

『青島(チンタオ)から来た兵士たち：第一次大戦とドイツ兵俘虜の実像』（瀬戸武彦 / 同学社）

『近現代の山東経済と日本：青島ビール・在華紡などを例に』（久保亨 / 東洋学報）

『蓝色文化：青岛』（栾纪曽・郑锐著 / 山东友谊出版社）

『旅游志』（青岛市史志办公室编 / 新华出版社）

『康有為と青島』（柴田幹夫 / 環日本海研究年報）

『中国家電企業の成長プロセス：海爾集団 (Haier) と海信集団 (Hisense) の事例を中心に』（趙長祥 / 一橋大学博士論文）

『世界大百科事典』（平凡社）

青島地下鉄路線図

http://machigotopub.com/pdf/qingdaometro.pdf

青島新市街 STAY（ホテル＆レストラン情報）

http://machigotopub.com/pdf/newqingdaostay.pdf

まちごとパブリッシングの旅行ガイド

Machigoto INDIA , Machigoto ASIA , Machigoto CHINA

【北インド - まちごとインド】

001 はじめての北インド
002 はじめてのデリー
003 オールド・デリー
004 ニュー・デリー
005 南デリー
012 アーグラ
013 ファテープル・シークリー
014 バラナシ
015 サールナート
022 カージュラホ
032 アムリトサル

【西インド - まちごとインド】

001 はじめてのラジャスタン
002 ジャイプル
003 ジョードプル
004 ジャイサルメール
005 ウダイプル
006 アジメール（プシュカル）
007 ビカネール
008 シェカワティ
011 はじめてのマハラシュトラ
012 ムンバイ
013 プネー
014 アウランガバード
015 エローラ
016 アジャンタ
021 はじめてのグジャラート
022 アーメダバード
023 ヴァドダラー（チャンパネール）
024 ブジ（カッチ地方）

【東インド - まちごとインド】

002 コルカタ
012 ブッダガヤ

【南インド - まちごとインド】

001 はじめてのタミルナードゥ
002 チェンナイ
003 カーンチプラム
004 マハーバリプラム
005 タンジャヴール
006 クンバコナムとカーヴェリー・デルタ
007 ティルチラパッリ
008 マドゥライ
009 ラーメシュワラム
010 カニャークマリ
021 はじめてのケーララ
022 ティルヴァナンタプラム
023 バックウォーター（コッラム～アラップーザ）
024 コーチ（コーチン）
025 トリシュール

【ネパール - まちごとアジア】

001 はじめてのカトマンズ
002 カトマンズ
003 スワヤンブナート

004 パタン
005 バクタプル
006 ポカラ
007 ルンビニ
008 チトワン国立公園

【バングラデシュ - まちごとアジア】

001 はじめてのバングラデシュ
002 ダッカ
003 バゲルハット（クルナ）
004 シュンドルボン
005 プティア
006 モハスタン（ボグラ）
007 パハルプール

【パキスタン - まちごとアジア】

002 フンザ
003 ギルギット（KKH）
004 ラホール
005 ハラッパ
006 ムルタン

【イラン - まちごとアジア】

001 はじめてのイラン
002 テヘラン
003 イスファハン
004 シーラーズ
005 ペルセポリス
006 パサルガダエ（ナグシェ・ロスタム）
007 ヤズド
008 チョガ・ザンビル（アフヴァーズ）
009 タブリーズ

010 アルダビール

【北京 - まちごとチャイナ】

001 はじめての北京
002 故宮（天安門広場）
003 胡同と旧皇城
004 天壇と旧崇文区
005 瑠璃廠と旧宣武区
006 王府井と市街東部
007 北京動物園と市街西部
008 頤和園と西山
009 盧溝橋と周口店
010 万里の長城と明十三陵

【天津 - まちごとチャイナ】

001 はじめての天津
002 天津市街
003 浜海新区と市街南部
004 薊県と清東陵

【上海 - まちごとチャイナ】

001 はじめての上海
002 浦東新区
003 外灘と南京東路
004 淮海路と市街西部
005 虹口と市街北部
006 上海郊外（龍華・七宝・松江・嘉定）
007 水郷地帯（朱家角・周荘・同里・甪直）

【河北省 - まちごとチャイナ】

001 はじめての河北省
002 石家荘
003 秦皇島
004 承徳
005 張家口
006 保定
007 邯鄲

【山東省 - まちごとチャイナ】

001 はじめての山東省
002 はじめての青島
003 青島市街
004 青島郊外と開発区
005 煙台
006 臨淄
007 済南
008 泰山
009 曲阜

【江蘇省 - まちごとチャイナ】

001 はじめての江蘇省
002 はじめての蘇州
003 蘇州旧城
004 蘇州郊外と開発区
005 無錫
006 揚州
007 鎮江
008 はじめての南京
009 南京旧城
010 南京紫金山と下関
011 雨花台と南京郊外・開発区
012 徐州

【浙江省 - まちごとチャイナ】

001 はじめての浙江省
002 はじめての杭州
003 西湖と山林杭州
004 杭州旧城と開発区
005 紹興
006 はじめての寧波
007 寧波旧城
008 寧波郊外と開発区
009 普陀山
010 天台山
011 温州

【福建省 - まちごとチャイナ】

001 はじめての福建省
002 はじめての福州
003 福州旧城
004 福州郊外と開発区
005 武夷山
006 泉州
007 厦門
008 客家土楼

【広東省 - まちごとチャイナ】

001 はじめての広東省
002 はじめての広州
003 広州古城
004 天河と広州郊外
005 深圳(深セン)
006 東莞
007 開平(江門)
008 韶関
009 はじめての潮汕

010 潮州
011 汕頭

【遼寧省 - まちごとチャイナ】

001 はじめての遼寧省
002 はじめての大連
003 大連市街
004 旅順
005 金州新区
006 はじめての瀋陽
007 瀋陽故宮と旧市街
008 瀋陽駅と市街地
009 北陵と瀋陽郊外
010 撫順

【重慶 - まちごとチャイナ】

001 はじめての重慶
002 重慶市街
003 三峡下り（重慶～宜昌）
004 大足

【香港 - まちごとチャイナ】

001 はじめての香港
002 中環と香港島北岸
003 上環と香港島南岸
004 尖沙咀と九龍市街
005 九龍城と九龍郊外
006 新界
007 ランタオ島と島嶼部

【マカオ - まちごとチャイナ】

001 はじめてのマカオ
002 セナド広場とマカオ中心部
003 媽閣廟とマカオ半島南部
004 東望洋山とマカオ半島北部
005 新口岸とタイパ・コロアン

【Juo-Mujin（電子書籍のみ）】

Juo-Mujin 香港縦横無尽
Juo-Mujin 北京縦横無尽
Juo-Mujin 上海縦横無尽
見せよう！デリーでヒンディー語
見せよう！タージマハルでヒンディー語
見せよう！砂漠のラジャスタンでヒンディー語

【自力旅游中国 Tabisuru CHINA】

001 バスに揺られて「自力で長城」
002 バスに揺られて「自力で石家荘」
003 バスに揺られて「自力で承徳」
004 船に揺られて「自力で普陀山」
005 バスに揺られて「自力で天台山」
006 バスに揺られて「自力で秦皇島」
007 バスに揺られて「自力で張家口」
008 バスに揺られて「自力で邯鄲」
009 バスに揺られて「自力で保定」
010 バスに揺られて「自力で清東陵」
011 バスに揺られて「自力で潮州」
012 バスに揺られて「自力で汕頭」
013 バスに揺られて「自力で温州」
014 バスに揺られて「自力で福州」
015 メトロに揺られて「自力で深圳」

【車輪はつばさ】
南インドのアイラヴァテシュワラ寺院には建築本体に車輪がついていて寺院に乗った神さまが人びとの想いを運ぶと言います。

・本書はオンデマンド印刷で作成されています。
・本書の内容に関するご意見、お問い合わせは、発行元の
　まちごとパブリッシング info@machigotopub.com までお願いします。

まちごとチャイナ
山東省004青島郊外と開発区
～海岸線にそって「美しい青島」［モノクロノートブック版］

2017年11月14日　発行

著　者	「アジア城市（まち）案内」制作委員会
発行者	赤松　耕次
発行所	まちごとパブリッシング株式会社
	〒181-0013　東京都三鷹市下連雀4-4-36
	URL http://www.machigotopub.com/
発売元	株式会社デジタルパブリッシングサービス
	〒162-0812　東京都新宿区西五軒町11-13
	清水ビル3F
印刷・製本	株式会社デジタルパブリッシングサービス
	URL http://www.d-pub.co.jp/

MP192

ISBN978-4-86143-326-9 C0326　　　　Printed in Japan
本書の無断複製複写（コピー）は、著作権法上での例外を除き、禁じられています。